AF245308

ESSAI

OU

CONSIDÉRATIONS

POLITIQUES

SUR LES RÉVOLUTIONS DE FRANCE,

Jusqu'à l'acceptation de la nouvelle Constitution, présentée par la Convention nationale, le 5 Fructidor, an 3 de la République.

Par J. P. R. Merlin, Électeur du Canton de Sauveterre, Département de l'Aveyron.

Auſi immane nefas, auſo-que potiti.
Virg. Æneidos. lib. 6.

A ALBI,

Chez D. A. Baurens, Imprimeur-Libraire.

1795. *An 4 de la République.*

ESSAI

OU

CONSIDERATIONS POLITIQUES

SUR LES RÉVOLUTIONS DE FRANCE,

Jusqu'à l'acceptation de la nouvelle Constitution, présentée par la Convention Nationale, le 5 fructidor, an 3. de la République.

Auſi immane nefas, aufo-que potiti.
Virg. Æneidos. lib. 6.

Peuple Français, tu vas décider de ton bonheur, ou creuſer à jamais le tombeau de ta liberté.

Le moment eſt donc venu, où les patriotes de 1789, les hommes proſcrits par l'infernale révolution du 31 mai, doivent ſe ſerrer plus que jamais ; d'une main, préſenter l'olivier de la paix ; de l'autre, s'armer du glaive deſtructeur de la tyrannie.

C'eſt à vous tous, citoyens amis de l'ordre, que j'adreſſe mon écrit ; puiſſe-t-il produire en vous ce dévouement généreux qui eſt l'apanage

A

des ames fortes, & être la fource des facrifices fans nombre, que réclame de tous, le falut de la patrie !

Quel fupplice pour le politique fage & philo-fophe, lorfque portant fes regards fur les cinq années de révolution qui viennent de s'écouler, il voit la Nation françaife tantôt grande fous des lois fages, tantôt avilie par des factieux ; tantôt devorée par des cannibales : quel vafte champ de reflexions ! lorfque méditant fur la fouveraineté du peuple, il la voit tour-à-tour proclamée & foulée aux pieds ; ufurpée par des tyrans, ou ufurpa-trice dans leurs mains ; par-tout égarée & jamais conforme aux principes confignés dans l'ordre moral comme dans l'ordre civil. Quel monftre de légiflation que celle qui, après avoir promulgué les droits de l'homme & les devoirs du citoyen, montre à chaque pas la vengeance à la place de la raifon ; l'ambition à la place de la fageffe ; la tyrannie à la place de la liberté ; l'arbitraire à la place de la juftice ; le brigandage à la place de la modération ; l'immoralité à la place de la vertu ! quelles lois que celles qui érigent le foupçon en maître fuprême de la liberté des perfonnes, & la confifcation injufte, en arbitre confervateur des propriétés. Tant d'horreurs font l'ouvrage des tyrans dont le 9 thermidor a vu tomber le trône fanguinaire, des fcélérats qui ont fecondé

leurs complots liberticides, & des lâches légiflateurs qui n'ont pas eu le courage d'expofer
leur vie pour arracher au glaive des affaffins,
les victimes infortunées du 31 mai.

Oui, maintenant que le grand jour de la vérité
eft arrivé, le français ne doit pas craindre de
la dire toute entière ; fi, au lieu de garder un
filence criminel, les légiflateurs, ennemis du
fyftême de la terreur, avoient marché fur les
traces immortelles des *Vergniaux*, & avoient
affronté la mort fur leur chaife curule, jamais
la France n'eut été fouillée du fang innocent de
la probité malheureufe, de l'erreur aveugle &
fans force, de la vertu affaffinée jufques dans fa
retraite obfcure ; jamais ma patrie n'eût vû autant
de tyrans que de fcélérats, d'états defpotiques
que de Communes ; d'échaffauds que de places
publiques, & de milliers de victimes que d'échaffauds. Le fang des malheureux qui ont fuccombé
fous le poignard affaffin, ne crieroit pas vengeance, & loin d'être entravée par les décombres des cachots & des échaffaudages de la tyrannie, la révolution françaife s'avanceroit majef-
tueufement vers fon terme ; le vaiffeau de la
liberté entreroit tranquillement dans le port du
bonheur.

Mais laiffons aux pinceaux de la poftérité le
foin de faire le portrait des cannibales qui avoient

pfé concevoir le noir complot de changer la France en un vafte cimétiere, & de régner fur des tombeaux & des déferts : les jours de deuil font paffés ; le peuple a recouvré l'exercice de fes droits ; puiffe-t'il, en le dirigeant avec fageffe & prévoyance, écarter à jamais, loin de la Patrie, le crêpe funébre qui n'a que trop long-tems voilé la vertu, la juftice & les lois.

Déjà dans tous les cantons de la République, les affemblées primaires fe font réunies pour fanctionner la Conftitution préfentée par la Convention nationale le 5 fructidor ; déjà les corps électoraux déterminent leur choix pour la formation des confeils légiflatifs. Et dans quel moment ? lorfque, malgré les traités de paix & d'alliance avec les puiffances étrangéres, des avant-coureurs finiftres invitent le peuple à veiller, les bons citoyens à faire des facrifices, & les Magiftrats à déployer une énergie fage & jufte : lorfque les armées laiffent les lauriers des frontiéres pour affurer la tranquillité de l'intérieur ; lorfque, fous le manteau du patriotifme, la tyrannie s'infinue par-tout & cherche à renaître de fes cendres ; lorfque les journaux tiraillent l'opinion dans tous les fens ; lorfqu'enfin au lieu de travailler à l'établiffement de l'édifice de la Conftitution, tout fe heurte, fe déforganife, tombe en langueur & annonce une diffolution totale.

Quelle eſt la ſource de tant de déſaſtres ?

Quels en ſont aujourd'hui les remedes ?

C'eſt un principe reconnu en politique : que, lorſque des abus ſans nombre ont miné le corps ſocial, & que la main de la ſageſſe n'a pu en arrêter la ruine, il faut au-moins qu'elle en raſſemble les débris pour les faire entrer dans le nouvel édifice ; car, ſi un aſſemblage monſtrueux d'éléments diſparates, eſt admis dans la réconſtruction, c'en eſt fait ; loin de tendre au bonheur, ſemblable au vaiſſeau battu par les tempêtes, le peuple ſera le jouet de mille révolutions toutes plus terribles les unes que les autres, & qui n'auront d'autre terme que des larmes de déſeſpoir & de ſang, répandues en vain ſur la tombe des victimes malheureuſes qui auront ſuccombé ſous les poignards des factions dominantes ; à moins qu'une main toute-puiſſante ne vienne tracer le rivage au-délà duquel, ne pourront s'élancer les vagues déchaînées de l'océan révolutionnaire ; de-là les époques à jamais mémorables des 14 juillet & 6 octobre 1789, 4 février 1790, 14 ſeptembre 1791, 10 août 1792, 2 juin 1793, & 9 thermidor, an 2 de l'ére de la république.

En vain l'aſſemblée conſtituante tenta d'élever un gouvernement mixte ſur les ruines de l'ancienne tyrannie ; laſſe de détruire, la main du légiſlateur manqua de forces pour poſer la clef de la voûte,

& n'abandonna à l'affemblée légiflative qu'un ouvrage imparfait dont les fondemens pofés fur les
décombres encore mouvants de la féodalité, devoient difparoître avec elle. On a vu dans cette
affemblée, tantôt le génie de la liberté s'immor-
talifant par la fageffe & la fublimité de fes lois,
tantôt la paffion confondue avec le bien public,
formant une ombre irrégulière au tableau de la
révolution ; tantôt le préjugé heurté avec trop de
violence, pour ne pas enfanter des vendées ; prefque
toujours enfin le légiflateur, adaptant plutôt les lois
à la théorie des principes naturels, qu'aux mœurs
de la nation. La conftitution de 1791 portoit dans
fon fein le germe de fa deftruction. La foibleffe
du gouvernement, la puiffance du corps légiflatif,
& la tyrannie des jacobins, devoient donner naiffance au 10 août & à la convocation d'une Convention nationale.

Et ici, chacun fe repréfente déjà fous quels augu-
res finiftres fut convoquée cette affemblée, qui,
au lieu de travailler continuellement au bonheur
du peuple, dont elle exerçoit la toute puiffance,
eut fouvent la foibleffe de céder à la violence des
flots dominateurs des paffions, quelquefois l'énergie
de lutter contr'elles, jamais la force de les écrafer.
Chacun fe repréfente cette journée de fang, fous
les aufpices de laquelle la Convention nationale
fut réunie, & dont les faftes même de la tyrannie

n'offrent point d'exemple ; la boucherie du 2 septembre, dont le nom seul fait oublier les vêpres de Sicile & les St. Barthelemy ; ce massacre inoui prôné chez les Jacobins comme le salut de la Patrie, & qui, par l'impunité de ses auteurs, annonça le règne du crime comme les tortures réservées à la vertu. Quel est le sage qui n'a pas présagé, dès ce moment, les malheurs de la Patrie ? ne vit-on pas au milieu de ce désordre barbare & sanguinaire, une nuée de Jacobins voler dans les Départemens pour y repandre l'esprit de scélératesse, travailler le peuple, le porter au massacre. & lui désigner pour légiflateurs, ceux-là même dont les bras étoient encore dégoûtants de sang & de carnage? ne vit-on pas sous le nom d'ami du Peuple, l'apôtre de l'assassinat, le dieu des brigands, propager sa morale atroce, jusques dans les moindres Communes ? ne vit-on pas enfin l'opinion publique entiérement pervertie, élevant à la puissance sans bornes de membres de la Convention nationale, ces hommes dont l'ambition hypocrite, cachée alors sous le masque de la vertu & du patriotisme, devoit forger un jour en France, une chaîne de forfaits encore plus abominables que ceux qui précéderent & qui suivirent le protectorat de l'Angleterre. En effet, ou terrifiés par les insinuations d'une intrigue

tyrannique, ou égarés par la morale impure des
feptembrifeurs, les Electeurs de 1792 profcrivi-
rent en général la vertu & les lumieres pour
fatisfaire, fur prefque tous les points de la République, l'ambition fans exemple de la démagogie, & · la foif démefurée de la fcélérateffe ;
ou bien fi le génie fut reconnu dans quelques
Départemens, & y obtint les fuffrages du Peuple,
il ne refte aujourd'hui, aux habitans de ces mal-
heureufes contrées, que le défefpoir de pouvoir
ranimer fes cendres fur la tombe des tyrans qui
l'envoyerent au fupplice. Tant il eft vrai que
lorfqu'il a une fois franchi la digue, le crime
étale par-tout fon audace, & ne laiffe après lui
que des veftiges de fang que ne peuvent même
effacer les larmes de la poftérité la plus reculée.
De-là ces tempêtes violentes qui entrainerent dans
l'abime les pilotes fages, dont la main pou-
voit diriger le vaiffeau de la révolution au milieu
des vagues en furie, & le fauver du naufrage : de-là
cette démagogie tyrannique & cette anarchie fanguinaire dont le cœur fut un tyran, l'aliment une
Commune confpiratrice, le foutien une fociété de
cannibales, & l'affermiffement une horde de Proconfuls qui, précédés par la terreur, & fuivis
par l'échauffaud, ne laiffoient après leur paffage
que de tas de cadavres deftinés à fervir de marches au trône de leur fouverain : de-là enfin
cette

cette époque défaftreufe où la morale publique
fut entiérement pervertie, le peuple careffé, le
brigand flatté par l'appat des rapines, le patriote
de bonne foi tour-à-tour féduit, agité, enflammé,
où la modération paffa pour lâcheté, la fageffe
pour artifice, l'humanité pour foibleffe, la politique pour intrigue, l'injuftice pour vertu, le
crime pour néceffité, la fureur pour patriotifme,
& la licence pour liberté ; cette révolution du
31 mai, fuite néceffaire de la boucherie de
feptembre & digne des tyrans qui n'avoient ali-
menté les diffentions inteftines que pour l'affer-
viffement du peuple : révolution dont la mémoire
tranfmife d'âge en âge, à l'exécration de la
poftérité la plus reculée, glacera encore d'effroi
jufqu'à nos derniers neveux ; révolution enfin qui
vit la Convention nationale affaillie par une mul-
titude de factieux ; des Repréfentans fidéles arrachés
de fon fein & poignardés pour avoir ofé lutter
contre la tyrannie d'une Commune confpiratrice ;
d'autres profcrits & plongés dans la nuit des
cachots ; & la République par-tout affervie par
le Dictateur, qui cachoit fes complots fous le
voile & l'exagération du patriotifme.

Alors, comme au 2 feptembre, fondit encore
fur les départemens une horde d'émiffaires jacobins
foudoyés par des miniftres dilapidateurs dont la
miffion étoit la communication adroite du fecret

de la révolution nouvelle, aux tyrans fubordonnés de l'intérieur ; la conftruction de ces baftilles infernales dont la France fut hériffée en un clin d'œil ; la profcription des amis de l'ordre , des magiftrats éclairés , fideles & courageux ; & la formation de ces liftes de mort , où la tyrannie fignala des milliers de victimes pour le glaive affaffin d'un tribunal avide de fang & de carnage , qui, ne trouvant point au-tour de lui de quoi repaître fa barbarie , exerçoit fon avidité meurtrière & dévorante , fur la proie qu'il avoit défignée dans l'intérieur de la France.

Alors plus de frein : la paffion fanguinaire dicte des lois, la lâcheté les approuve par un filence coupable ; la terreur les fanctionne & les fait exécuter ; rien n'eft facré : la boucherie qui commence par les repréfentans du peuple , devient le fignal du maffacre général : on pille, on égorge , on affaffine au nom de la loi : le même tombereau conduit au fupplice & le Général qui a fixé la victoire, & le Parlementaire aux cheveux blancs, & le Miniftre tranquille du culte, & le Noble foumis aux lois, & l'Adminiftrateur patriote, & l'Artifan laborieux ; le glaive affaffin, levé par l'arbitraire du foupçon, eft mû tour-à-tour par l'ambition ou par l'intérêt, & frappe indiftinctement toutes les têtes qui leur font ombrage.

O ma Patrie ! comment dérober au jugement & à l'exécration des siécles, ces lambeaux sanglants de ton histoire, où il n'existe d'autre code politique que la théorie e soupçons, d'autre doctrine que celle des crimes néceffaires, où, inondée de sang & couverte de cadavres & de décombres, tu vis tantôt les fortunes publiques & particulieres englouties dans la gueule infatiable du monftre du brigandage ; tantôt l'innocence immolée, & des familles dans le deuil, évoquant les mânes ou d'un père tendre, ou d'un frère chéri, ou d'une époufe infortunée : par-tout les talents profcrits, les monumments des arts mutilés, l'induftrie & le commerce dans un état de mort, les vertus transformées en crime ; comment étouffer cette voix terrible qui du fond des tombeaux accufe & accufera fans ceffe la tyrannie décemvirale ? comment couvrir le tableau effrayant de tant de cachots ténébreux de comités fanguinaires, d'affociations de cannibales ? comment voiler toutes ces images funèbres dont la feule idée fait frémir d'horreur ? non, les derniers cris des *Vergniaux* expirant fous le poignard des tyrans, les vœux & la mort courageufe de tous les martyrs de la liberté qui ont marché fur fes traces, le fouvenir douloureux des fupplices réfervés à la vertu & à l'innocence, immolées fous le fer affaffin, parviendront jufqu'à la poftérité, exciteront l'indignation de nos derniers neveux, & les armeront de courage contre les audacieux qui tenteroient encore de relever les marches fanglantes du trône.

L'expérience du paffé fervira de leçon à la génération préfente, & inftruira jufqu'aux races futures : puiffent-elles en remontant jufqu'à la fource de nos malheurs, ne jamais marcher fur nos traces, & pour ne pas parvenir, à travers quinze mois de forfaits, à l'immortelle journée du 9 thermidor, étouffer dès leur berceau, tous les tigres altérés de fang qui, pour fatisfaire leur rage, oferoient encore fomenter des 31 mai.

Mais après avoir parcouru avec rapidité le tableau de la révolution, & deroulé la longue chaîne de nos malheurs, cherchons dans fon premier anneau, les inftructions de la fageffe. Lorfqu'un peuple fecoue le joug de fes tyrans, il fait bien, dit l'immortel *Jean-Jacques Rouffeau* ; mais qu'il redoute le paffage des attrocités qui menent à la liberté ! Ce paffage eft un torrent qui renverfe tout ce qu'il rencontre, fi la prudence n'éleve des digues où fe brifent les efforts de fa rage. Pour arrêter le torrent de la révolution françaife, le Légiflateur devoit en prévoir les ravages, en détruire le germe dès fa naiffance. Le philofophe *Mabli* & le fage *Montefquieu*, regardent l'ambition & l'avarice comme le fléau

des empires & la perte de tous les gouvernemens.
Pourquoi donc l'Affemblée conftituante n'étouffa-
t-elle pas ces deux ferpens dans leur berceau ?
pourquoi fouffrit-elle à côté de la fageffe de
fes lois, la foif de l'ambition & la paffion de
la cupidité ? pourquoi, au lieu de fe contenter
des deftructions néceffaires, provoqua-t-elle,
~~forma-t-elle~~ le démon de l'avarice ? pourquoi
créa-t-elle & laiffa-t-elle exifter ces fociétés dites
populaires, où un orateur fcélérat devenoit fouvent l'arbitre de la probité & de la vertu ; où,
fous le nom du patriotifme, l'ambition triumvirale
comprima la repréfentation du peuple fouverain,
lui dicta des lois, changea les villes en tombeaux,
les campagnes en déferts, & finit par donner des
maîtres à la République : c'eft en effet de ce
foyer de guerre civile, que font partis les foudres
deftructeurs de l'ambition ; c'eft cet abime de
cupidité qui a enfanté la paffion du brigandage ;
c'eft à l'affemblage confus de ces divers éléments
que nous devons rapporter le principe de nos
maux & de la tyrannie décemvirale.

Il eft vrai que, quoique fière d'avoir renverfé
de puiffantes corporations, redoutant encore les
intrigues machiaveliques de la cour, l'affemblée
conftituante penfa devoir arrêter l'effor de fon génie
pour céder à l'enthoufiafme ; mais devoit-elle, pour
fervir de contrepoids au gouvernement qu'elle avoit

établi , laisser à côté de lui le principe de sa destruction prochaine ? Aussi vit-on succéder à ces illusions trompeuses , les écarts de l'assemblée législative , qui , encore dans l'enfance en législation , & se croyant seulement instituée pour miner le trône , suivit les inspirations des jacobins pour y parvenir , & acquit des droits à la reconnoissance nationale : de là , tant de lois injustes qui, souvent inspirées par l'égoïsme d'un rapporteur , ont confondu des droits réels avec des droits imaginaires & tyranniques ; de là tant de mesures impolitiques & dictées par la vengeance , qui , sous prétexte de comprimer le fanatisme , n'ont fait que l'irriter encore d'avantage , en gênant la liberté des cultes ; de là , tant de confiscations attentatoires au droit de propriété , confiscations proscrites par la sagesse , & aujourd'hui reparées par elle ; de là enfin , ce déluge de maux , qui n'est sorti de la boëte de Pandore , que pour inonder la France , & dont la bienfaisance du gouvernement ne pourra jamais reparer tous les désastres.

Est-il surprenant qu'au milieu des vues monstrueuses d'une pareille législation , il se soit rencontré des hommes assez audacieux pour s'élever sur les débris même de la tyrannie ? Est-il surprenant que dans une république , où , contre la maxime de *Rousseau* , on avoit commencé par faire des mécontens , on ait fini par immoler des milliers de victimes ? Les légiflateurs qui veulent faire chérir la liberté, la rendent aimable. *Robefpierre* & fes complices qui ne voulurent établir qu'un fyftême de terreur, ne furent manier adroitement que cette arme dangereufe. Cet homme extraordinaire, que dis-je ! ce monftre infatiable de fang humain, qui n'avoit eu dans le fein de l'affemblée conftituante d'autre ambition que celle de dominer fes rivaux en éloquence, & d'autre défefpoir que le fentiment de fon infériorité, moiffonna dans la fociété des jacobins les palmes qu'il n'avoit pu cueillir devant le mérite ; & après avoir regné avec la Commune confpiratrice de Paris, médita l'envahiffement de la fouveraineté nationale. Ce n'eft plus au rang de premier des orateurs qu'il afpire, les vices du gouvernement ont accru fon audace ; & pour échapper au fupplice refervé à fes forfaits, il a befoin de la puiffance d'un *Néron*. Moins courageux que *Céfar*, moins grand que *Sylla*, plus vil & plus féroce que *Catilina*, ce tigre roi alteré de fang & de carnage, ce nouveau *Domitius*, auffi lâche que l'ancien, machiavelife comme *Cromwel* pour élever fon trône de fang, auffi bien fur la deftruction des partifans de la monarchie, que fur les débris de la liberté ; les *Couthon* & les *St. Juft*, fécondent fes complots liberticides ; les Décemvirs y appofent le fceau, & les Proconfuls les propagent & les affermiffent au nom de la

Patrie, par des maffacres, des fufillades & des noyades, dont le fouvenir douloureux glace encore d'effroi jufqucs aux ames les moins fenfibles.

Nous ne chercherons pas à dévoiler ici les horreurs & les fcélérateffes de ce gouvernement nationicide ; l'écrivain qui veut en faire le tableau doit tremper fa plume dans le fang pour le peindre avec fes couleurs naturelles. Attachés à remonter à la fource de nos défaftres & à en rechercher les remedes, nous avons trouvé le principe de nos malheurs dans l'ambition & dans la cupidité, dont la conftitution du Gouvernement renfermoit le germe, & qui devoit donner naiffance à la puiffance coloffale du premier audacieux jaloux de s'en emparer, en lui prêtant les armes les plut dangereufes pour plonger la Patrie dans des gouffres de malheurs. En effet, ce fut l'ambition qui créa *Robefpierre*, & ce fut par l'amour de la cupidité que ce tyran affermit fon empire. On fait que ne pouvant réduire au filence les repréfentans du peuple qui ont expiré fous la hâche du 31 mai, ce monftre, de concert avec la Commune confpiratrice, organifa par l'appât du brigandage, cette révolution terrible qui, depuis, a creufé de milliers de tombeaux. On fait que pour colorer l'ufurpation du pouvoir fuprême, vers lequel tendoient toutes fes démarches, il fit mettre au jour cette prétendue conftitution d'un peuple libre, la conftitution de 1793 ; conftitution méditée par l'ambition, dictée par l'intrigue, & acceptée

par

par la terreur ; conftitution dont l'effence eft l'affemblage confus de tous les élémens du défordre, à
travers lefquels le tyran devoit fe frayer la route
du trône ; conftitution enfin qui, en organifant
l'anarchie, flatta les intérêts & les paffions des
brigands, fit place à celle du 14 frimaire an 2,
& bientôt au defpotifme qui, fans le 9 thermidor,
peferoit encore aujourd'hui fur toutes les têtes. Il
n'eft pas de crime, il n'eft pas de baffeffe dont
l'ambition d'un fcélérat ne foit capable ; elle fe
foutient d'abord par l'intrigue. A-t-elle acquis de
forces ? elle s'élance de crime en crime ; & fi
elle eft aidée de l'amour de la cupidité, de la
paffion du brigandage, c'eft un torrent qui ne
trouve d'autre barrière que les tas de cadavres &
de décombres élevés par fa fureur.

C'eft ainfi que fe font propagées les calamités
qui pendant fi longtems ont plongé la patrie dans
le deuil & dans la trifteffe ; c'eft de cette fource
impure qu'ont émané tant de lois, tant d'actes
arbitraires, qui ont porté un coup mortel au gouvernement, & dont une légiflation fage pourra
à peine fonder toutes les plaies. L'inquifition politique une fois établie par le génie ufurpateur
de l'ambition, la loi agraire de Rome une fois
renouvellée en France par l'appat du brigandage,
le fyftême affreux du nivellement une fois mis
en vigueur ; les talens, l'efprit, la vertu, la
fcience, les richeffes, devoient être jettés dans
les fers ; la terreur imprimée jufqu'aux armées ;

C

le défenfeur de la patrie placé entre deux glaives, entre la néceffité ou de mourir ou de fuivre fon penchant à la victoire ; la tyrannie du *Maximum* inventée pour anéantir le commerce ; le Vendalifme reffufcité pour détruire les arts ; l'arbitraire établi à la place de la juftice ; enfin l'erreur & la foiblefse féduits ou égarés par des décrets complaifants & aftucieux fur l'exiftence de l'Être fuprême & l'immortalité de l'ame, qui parurent un beaume confolateur après tant de tourments & de malheurs. L'ambition eft un Prothée qui prend toute forte de formes pour parvenir à fon but, & échapper à tous les yeux; mais auffi, fi le moment, où fes atrocités s'exercent avec le plus d'audace, eft le plus voifin de la tyrannie, il eft auffi le fignal de fa décadence & de fa chûte.

La divifion des décemvirs fût bientôt l'éveil du Peuple dont leur fcélérateffe avoit laffé la patience ; & la convention nationale, dont le filence & l'oppreffion n'avoient point arrêté la conjuration du 31 mai, créa par fon énergie le 9 thermidor, & rendit à la France la joie & la vie.

Ici fe préfente un nouvel ordre de chofes; l'horifon de la liberté s'éclaircit ; l'idée du bonheur renaît dans les ames ; une nouvelle carrière s'ouvre devant les Repréfentans fidèles du Peuple, ils s'y élancent pour la parcourir. Depuis cette époque à jamais mémorable, l'humanité reçoit chaque jour de nouveaux triomphes ; les tombeaux des vivants s'ouvrent ; l'innocence & la vertu font rendues à la lumiere ; la victoire couronne nos armées ; la France jette les fondemens d'une paix durable, & conçoit l'espoir d'une Constitution anti-tyrannique & anarchique. Dieu ! pourra-t-elle reparer tous les crimes du Triumvirat ?

Mais pour connoître les remèdes à nos maux actuels, examinons notre situation, les mesures sages prises par la Convention nationale depuis le 9 thermidor, & l'avenir que nous prépare la nouvelle Constitution de la République française ; & afin de parvenir à ce but, franchissons en ce moment la barriere du crime, & cherchons, à travers ses volcans, les institutions de la sagesse.

Sans principe fixe de conduite après la chûte des tyrans, flottant encore entre l'espérance & la crainte ; incertaine, pour ainsi dire, de sa victoire, & la regardant comme un beau rève ; la Convention nationale hésite un moment, & quoiqu'elle conçoive le désir du bien, elle n'a pas encore le courage de le faire ; il faut qu'elle soit secondée par l'énergie des bons citoyens, entraînée par le torrent de l'opinion. Ainsi après une horrible tempête, si les vents s'appaisent, si l'onde redevient calme, les matelots croient voir encore mille gouffres dévorants qui s'ouvrent pour les engloutir, & ne remettent à la voile que lorsque leur activité a reparé les ravages de la foudre & des vagues, & que le vaisseau est capable de résister à une tourmente nouvelle.

Cependant plongée jusqu'au 9 thermidor dans une servitude qu'elle eut pu écarter en secondant au 31 mai le courage de quelques-uns de ses membres, & des administrations de département, la représentation nationale s'est reveillée ; elle a examiné les fers qu'elle porte ; les tyrans qui la dominent ; l'industrie & l'activité des cités, dans un état de mort ; les habitations désertes ou dans le deuil ; le morne silence qui regne dans les campagnes ; la joie immodérée des auteurs de tant de désastres, & les brigands eux-mêmes, autrefois couverts de haillons, aujourd'hui teints de sang, parés des dépouilles de l'innocence & engraissés de rapines. A cet aspect son indignation est à son comble, & trace au Législateur la ligne de ses devoirs. . . . . Faut-il qu'il ait trouvé des entraves à sa justice, des obstacles à sa toute-puissance !

Mais le moment du retour à la vertu arrive, & quoiqu'on ose balbutier pendant quelque tems les mots de fédéralisme & de constitution de 1793, les fers, dont la tyrannie avoit chargé les patriotes, seront brisés par la force des événemens ; la conftitution de l'anarchie rentrera dans le néant avec fes auteurs. O vous dont les complices des décemvirs n'ont pas rougi d'accufer la vertu ! vous qui, pour avoir eu le courage de protefter contre la révolution du 31 mai, fûtes plongés vivants dans des tombeaux creufés pour le crime, & y bravâtes le poignard qui avoit frappé les martyrs de la liberté ! victimes infortunées ! quelle ue fut pas votre indignation, lorfque des fcélérats, les proconfuls du tyran, oférent encore, après le 9 thermidor, lever des doutes fur votre innocence ! vous confpirateurs contre la liberté ! vous qui n'ambitionniez que la gloire de renverfer la tyrannie. Vous confpirateurs contre la liberté ! vous par qui la République eut été fauvée, fi la Convention nationale avoit eu le courage de marcher fur vos traces. Vous enfin confpirateurs contre la liberté ! vous qui après avoir vêcu comme l'immortel *Vergniaux*, n'aviez comme lui d'autre defir que d'arracher à *Robefpierre* les victimes fignalées par fa rage, ou de mourir pour la Patrie. Ah ! fortez il en eft tems du fonds des cachots qui vous retiennent. Que toutes les inftitutions tyranniques difparoiffent devant vous ; que par vous les puiffances étrangéres ceffent de lutter contre la République françaife ; qu'elles la reconnoiffent ; qu'elles s'uniffent à nous par des traités de paix & d'alliance dictés par la fageffe ;

foyez à jamais dignes de vous-mêmes, & donnez à la France une conftitution qui affure fon bonheur.

Les vœux des français fe réalifent ; bientôt les défenfeurs du Peuple font rendus à la lumiere, & foudain l'énergie du bien domine dans la Convention nationale ; le tribunal de fang qui, jufqu'à ce moment, avoit repréfenté la liberté environnée de cadavres, rentre dans la pouffiere ; les *Carrier*, les *Fouquier* & leurs complices, expient leurs forfaits fur l'échafaud ; les agents du crime remplacent dans les cachots la vertu infortunée, & frémiffent de n'avoir pu l'étouffer ; les attentats à la propriété font réparés en partie ; les tâches de fang qui fouillent la légiflation font effacées ; les loix des 17 feptembre, 14 frimaire, 22 prairial, &c. font abolies & devancent la Conftitution de 1793 qui doit les fuivre ; nos défenfeurs cueillent le laurier de la victoire comme l'olivier de la paix ; tout prend une forme nouvelle.... En vain les décemvirs & leurs proconfuls, tentent de fe relever par des infurrections fanguinaires ; le 12 germinal éclaire leur chûte ; le premier prairial annonce leur mort ; & le 5 fructidor voit éclore la Conftitution nouvelle préfentée par la Convention nationale, comme le gage du bonheur de la France.

Quoiqu'elle fut attendue depuis long-tems, avec l'impatience du befoin, cette Conftitution fage &

républicaine , capable de fonder les plaies de l'anarchie & du royalifme , & d'affurer le triomphe de la liberté , nous ne nous diffimulons pas que le moment de fon acceptation eft un moment de crife pour la République ; mais que peuvent quelques poignées de factieux contre des armées victorieufes de l'europe , contre les patriotes purs de 1789 , qui regardent le nouveau code conftitutionnel comme le falut de la Patrie ? que peuvent les meurtres & les affaffinats de quelques terroriftes modernes contre la maffe des Républicains ? Que peut une horde d'émigrés contre les vainqueurs de Quiberon ? nous favons bien que , déconcertés de voir un Gouvernement s'élever fur les débris de l'anarchie & du royalifme , à l'ombre des traités de paix & d'alliance conclus entre la République , & la prefque totalité des puiffances de l'europe ; la plus machiavélique des cours , qui n'étoit entrée dans la coalition que pour fatisfaire fon ambition particuliere , met en jeu fes dernieres reffources , pour éloigner l'époque du bonheur des Français. Nous favons bien que le miniftre du cabinet dangereux de St. James , appelle fur la France les horreurs de la guerre civile , & n'épargne aucun crime pour en allumer la torche funèbre , foit en foudoyant des affaffins , foit en vomiffant des hordes d'émigrés fur nos côtes ; mais tandis que les phalanges du nord

verront plier & fuir devant elles l'autrichien éperdu,
& entreront en triomphe dans les forteresses qui
sont au-de là du Rhin, les armées qui bordent
les frontières d'Espagne, feront renaître la tranquillité dans l'intérieur, & réunies aux héros de
Quiberon, ne laisseront aux émigrés d'autre retraite
que les gouffres de l'océan, d'autre victoire aux
féroces Anglais, que la honte d'avoir voulu retarder
la paix générale de l'Europe.

Quoique dans l'intérieur de la République, la
faction criminelle du royalisme se joigne à la horde
scélérate des buveurs de sang, pour appeller à
grands cris le retour de quelque Robespierre, leurs
efforts seront impuissants & échoïront contre l'intérêt général de tous les citoyens, qui est dans le
maintien de la constitution nouvelle. En vain M.
Pitt suscitera par-tout des Chouans & des Ven-
déens : en vain, sous la forme du républicanisme,
& à la faveur de la clémence nationale, ces derniers éguiseront des poignards sous les yeux même
du gouvernement, la France forte au dehors &
puissante dans l'intérieur, regardera ces vils factieux comme ses ennemis irréconciliables, & les
fera bien-tôt rentrer dans la poussiere. Elle ne
confondra point avec les ennemis jurés de la liberté, ces hommes abusés & timides qui n'aiment
point la République parce que l'idée qu'ils ont de
ce Gouvernement est inséparable, dans leur esprit,

de

dé l'idée de factions, de troubles, de défordres, d'anarchie. Mais une fois que la vigueur de la conftitution fera en activité ; que par fa force, elle aura écrafé les partifans de la chouanerie & du brigandage ; que par fa fageffe, elle aura reparé les défaftres de la révolution, & fermé les plaies fufceptibles de l'être ; que par fa juftice, elle maintiendra la tranquillité dans les cités & dans les campagnes ; qu'elle couvrira de fon égide la liberté du commerce, & favorifera l'activité de l'induftrie ; comme les progrés des arts, tout ce qui éloignoit de la République les ames honnêtes & inquiettes, les y attachera à jamais.

En effet, le Politique fage & impartial qui, avec le feul fang-froid de la raifon, & le flambeau de la philofophie, remonte à la fource des gounemens, qui eft le befoin de protection contre l'arbitraire de la force ; à leur bonté qui eft la garantie fociale, ou le Peuple jouiffant du bienfait de la loi ; à leur durée, qui eft la divifion des pouvoirs & l'unité d'action ; à leur décadence, qui eft le fruit de l'ambition & de la cupidité, fe voit forcé de rendre hommage à la Conftitution de la République Françaife.

Nous ne reffemblerons pas aux ennemis dangereux du nouveau gouvernement, qui n'en difcutent le mérite que pour en faire la fatyre ; ceux qui par méchanceté ou par intrigue déprécient cet ouvrage immortel, ne veulent point de République, & ne sont dignes que des fers qu'ils regrettent. Ils sont bien différents de ceux qui, de bonne foi, hésitent en acceptant la Constitution républicaine, parce qu'ils ne croient pas y trouver assez de garantie sociale; tôt ou tard les derniers finiront par la chérir; & les premiers, dont les efforts ne tendent qu'à la détruire, seront écrasés par elle. Quant à nous qui, malgré les réflexions sages que nous aurions à faire, & que nous ne mettrons au jour que lorsque plus approfondies, elles seront capables d'en soutenir l'éclat, & de contribuer au bien général de la société, nous ne craignons pas d'avancer que ce n'est que dans l'organisation actuelle, dans l'exécution prompte & sévère du nouveau gouvernement, que la France peut trouver son salut. La Constitution française renferme le germe de toutes les bonnes lois dont elle doit être le point central. En effet, à la centralité d'action elle joint la division des pouvoirs, & par un équilibre sagement combiné, réprime tous les efforts de l'intrigue & de l'ambition; par la force de son mouvement intérieur, elle maintient le respect dû aux propriétés, & arrête jusqu'à l'idée du brigandage; la formation de la Loi, son exécution, l'administration & la justice, quoique distinctes & séparées dans leur essence même, y tendent cependant au même but, qui eſt le bien commun ; enfin, le gouvernement conſtitutionnel une fois établi, acquerra une nouvelle vigueur dans ſa marche rapide ; &, ſemblable aux lois de *Solon*, qui, en fondant la liberté d'Athénes ſur les mœurs de ſes Citoyens, la rendirent victorieuſe des efforts des barbares conjurés contr'elle, il garantira notre bonheur & rendra à jamais impoſſible tout retour à la tyrannie, aux orages, & aux ſecouſſes d'une révolution.

La ſituation de la France envers les Puiſſances étrangéres, ſes moyens pour reprimer les factions de l'intérieur, la balance qu'elle occupe dans l'équilibre de l'Europe, viennent à l'appui de ce que nous avons avancé. Nos victoires du dehors nous garantiſſent de toute invaſion ; après avoir gardé une neutralité reſpectable, la Suede & le Danemarck nous envoient des Ambaſſadeurs, & veulent conſerver notre amitié : la Pruſſe, l'Eſpagne, la Toſcane, & pluſieurs autres Puiſſances, après avoir négocié la paix, s'engagent à ne pas prendre les armes contre notre liberté : les États libres de l'ancien & nouveau monde, reconnoiſſent la République françaiſe, & aſſocient leur deſtinée à la ſienne : la politique rafinée de la Cour de Pétersbourg, nous rend moins dangereuſe ſon alliance avec celles de Vienne & de Londres ; enfin, l'épuiſement de ces dernieres, nous aſſure que, bientôt réduits au ſilence, au lieu de continuer la guerre contre la France, l'Autrichien & l'Anglois se trouveront trop heureux s'ils peuvent se sauver eux-mêmes à l'ombre de la pacification générale.

Tant de raisons ne suffisent-elles pas pour mettre la France à l'abri de toute atteinte au dehors, pendant que par la vigueur de son gouvernement, la paix renaîtra dans l'intérieur? ne démontrent-elles pas jusqu'à l'évidence, que c'est dans l'acceptation de la nouvelle Constitution & dans l'observation sévére des bonnes lois, dont elle est le principe, que nous devons trouver les remèdes à tous nos désastres? Oui, malgré la perfidie de ses détracteurs, la Constitution nouvelle obtiendra, tôt ou tard, l'approbation des siécles; elle est la source des bonnes institutions; elle s'avance véritablement sur la ligne des principes, en divisant la proposition des loix d'avec la décision, elle porte un coup mortel aux intrigues de l'ambition & de la tyrannie; en établissant un directoire de gouvernement, un pouvoir exécutif en ses principales parties, elle inspire l'obéissance & force le respect; en limitant la durée des pouvoirs, elle écarte jusqu'à l'idée des usurpations tyranniques & des conjurations violentes; en créant une organisation intérieure d'administration & de justice, aussi majestueuse dans son ensemble que simple dans ses accords, elle fait le bonheur du

Peuple, & apporte, pour ainſi dire, les bienfaits de la liberté juſques dans la chaumiere du malheureux ; enfin, le Gouvernement conſtitutionnaire organiſé, le méchant de tous les partis tremble, la vertu reſpire, la paix règne, & la France jouit de la plénitude de ſa liberté.

Que les factions criminelles ceſſent donc de nous tourmenter par leur langage perfide ! qu'elles ceſſent de nous oppoſer, ou que le nœud du Gouvernement, le point central du départ de l'action, n'eſt pas aſſez fort pour communiquer le mouvement à tous les rouages de la machine, ou que la diviſion des conſeils légiſlatifs fait renaître les abus de la Pairie anglaiſe, ou que la conſtitution nouvelle ne préſente pas les moyens propres pour aſſurer ſa durée, ou enfin que la grande multiplicité des adminiſtrations municipales, & les traitemens des agens du pouvoir directorial, au lieu de rétablir l'ordre dans les finances, ne feront qu'alimenter les dilapidations, amener une diſſolution nouvelle, & de nouveaux malheurs. Objections inſidieuſes ! qui, au lieu de tendre à la perfection de l'acte conſtitutionnel, en accélérent la deſtruction. Comment en effet, établir un point central de gouvernement autre que celui qui eſt tracé par le génie conſervateur de la liberté, ſans donner des craintes pour les entrepriſes de l'audace, & exciter encore les tempêtes des révolutions ? Comment trouver les abus de la Pairie & les intrigues de l'antichambre difgraciée auprès du tyran de l'Angleterre, dans la divifion des deux confeils légiflatifs ? l'expérience n'a-t-elle pas démontré la néceffité de cette divifion ? un corps légiflatif, un, qui entaffe & exerce tous les pouvoirs, n'eft-il pas un monftre capable de donner naiffance aux excès de la tyrannie ? Comment enfin infpirer des craintes fur la durée de la conftitution, & les entraves d'une trop grande multiplicité d'adminiftrations municipales ? Si la né-ceffité de la création d'un pouvoir confervateur eft reconnue, la conftitution faura l'établir fans violence & fans agitations ; la fageffe des légifla-tures tracera les circonfcriptions intérieures, pour-fuivra le monftre de l'agiotage, & lui donnera le coup mortel, en rétabliffant l'œconomie financière à côté du crédit national.

Français, voulez-vous être libres ? loin de vous élever contre le gouvernement qu'on vous préfente, réuniffez vos efforts pour l'affermir. Nous favons que des fiécles d'humanité & de juftice n'effaceront jamais le fouvenir de la tyrannie révolutionnaire ; mais pourriez-vous confondre avec la barbarie des tyrans, les bienfaits de la République ? l'ambition & la cupidité ont creufé l'abime de vos malheurs, une Conftitution fage & jufte va le combler. Non vous n'avez pas fouffert pendant fix ans pour recourber la tête fous le joug. Faites ufage de votre fouveraineté, mais feulement pour accélérer l'époque de votre bonheur; abjurez tout efprit de difcorde; étouffez la paffion de la vengeance; n'écoutez que l'intérêt général, vous le trouverez dans l'affermiffement d'une République ftable & floriffante.

Le moment eft venu où fuccédant à une affemblée dont les pouvoirs font illimités, une légiflature prochaine va porter au monde étonné, la nouvelle de la fin des révolutions qui nous agitent, & du commencement de notre fplendeur future. Puiffe, cette époque mémorable, ne pas voir éclorre parmi nous, le germe de la guerre civile! des gouffres de fang fuffiroient à peine pour en éteindre les torches funèbres. Français, le mode de la réélection des deux tiers de la Convention à la légiflature, vous eft préfenté; fi vous ne pouvez déterminer le nombre des complices de *Robefpierre*, qui ont fiégé & fiégent encore dans cette affemblée, vous pouvez du moins, en vous prononçant fur les Décrets des 5 & 13 fructidor, foumis à votre fanction, conferver la liberté des fuffrages, & ne donner votre confiance qu'à vos véritables défenfeurs, aux fondateurs & aux partifans du gouvernement fage & jufte qui doit faire votre bonheur. Laiffez au génie conftitutionnel le foin de conduire fes premiers pas; & fi vous reconnoiffez que dans une République de propriétaires les propriétés doivent être repréfentées comme les perfonnes, n'élevez au rang fuprême de Légiflateurs, que des hommes probes, juftes & ennemis des révolutions. Abandonnez aux ennemis de la liberté, le complot infenfé de rétablir un trône ; quel nouveau tyran choifiront-ils ? où feroit le rempart de fa puiffance ? où feroient fes tréfors & fes armées ? la tyrannie peut-elle reparoître fans s'écrouler au moment de fon élévation, fans entrainer dans fa chûte & les partifans du royalifme & leur idôle ? Dieu ! quelle fuite de guerres, quelle fource d'horreurs ! que de prétentions, que d'ambitions tour-à-tour excitées & trompées ! que de révolutions encore, fi tous les français ne fe coalifent pour en arrêter le cours fans entraîner la deftruction de la génération prefente !

Non, la France eft trop laffe de fecouffes & d'agitations pour en alimenter le foyer terrible ; les patriotes de 1789 oppoferont une digue puiffante à ce torrent dévaftateur ; la Convention & les affemblées électorales fe conformeront au vœu du Peuple fouverain, & le vœu du Peuple eft la fin des révolutions, & l'affermiffement de la République.